मेरे ही खयालों में खोया मैं

COLLECTION OF POEMS

निकुंज सिदपरा

ये मेरी पहली किताब है, जो मे अपने माता-पिता और मेरे दोस्त जिन्होंने मुजे ये किताब लिखने की प्रेरणा दी उनको समर्पित करता हु। मै आशा रखता हु की ये किताब आप सब को अच्छी लगे और मेरी कविताए आपको पसंद आए। आप सब का साथ अगर बना रहा तो आगे भविष्य मे और भी किताबे लिखने का प्रयास करूंगा।

क्रम-सूची

1. जीवन कोई उम्मीद नहीं एक बहाना है।

जीवन कोई राह नहीं
चारों ओर फेला रेगिस्तान है।
जिस तरफ सूर्य उगता दिखे
वही चलते जाना है॥

जीवन कोई इच्छा नहीं
इच्छाओ से भरा जीवन हमारा है।
आज नहीं तो कल होगी पूरी
ये उम्मीद नहीं एक बहाना है ॥

जीवन कोई प्यार नहीं
सुख-दुख से भरा प्याला है ।
सब को प्यार कर के
उस प्याले को पी जाना है ॥

जीवन कोई उम्मीद नहीं एक बहाना है ।
आज जींदा है और कल को मर जाना है ॥

2. क्या अब मैं इतना भी आवश्यक नही?

तुम्हें मुझसे प्यार था, इसमें कोई शक नही,
मैं तुम्हें पा शकू क्या एसी कोई तक नहीं।
नजर चुरा कर, नजर अंदाज़ कर रहे हो,
क्या अब मैं इतना भी आवश्यक नही?

मै बेवफ़ा था, मेने किए थे अफैर,
ये बात रहने दो हम तक ही सही।
मैं तुम्हे मना शकू, फिर से पा शकु,
क्या अब मैं इतना भी आवश्यक नही?

मै समझता हू तुम्हें, जानता हु तुम्हे,
मुझसे दूर तुम को भी तो रहना नही।
आजा अब पास, भुलाके सारी बात,
दूर रेहके मुझे भी ये गम सहना नही।

अब नही होगी गलती, नही होगा झूठ,
तुम्हारे सिवा अब मेरी कोई मंजिल नही।
तू मुझे वापस देख शके,
क्या अब मैं इतना भी काबिल नही।

3. सपने तेरा बहुत सुक्रिया

एक रोज सवेरे एक सपना देखा,
सफलता के रूप मे कोई अपना देखा।

सपने को सच करने लगाया ज़ोर,
फैलाए पंख उड़ चला आशमान की ओर।

फिर निष्फलता ने पटका जमीन पे,
नींद खुली तो था टूटा सपना और मै।

देखके ये सपना किया मैंने ऐलान,
पा के रहेंगे सफलता चाहे कैसा भी हो काम।

जैसे जैसे बढ़ चला सफलता की ओर,
निष्फलता भी लगाने लगि मुजसे ज्यादा ज़ोर।

निष्फलता जब करने लगी मेरे होसले पर वार,
तब सपनों ने ही रखा मेरे होसले को बरकरार।

निष्फलताओ के बाद मिला सफलता का ताज,
और सपने ही है सफलता का अशली राज।

सपने ही है जिसने मुजे उड़ना शिखाया,
सपनों ने ही मुजे इस काबिल बनाया।

सोचो अगर सपने ही न देखते,
तो हम कभी शुरुआत भी ना करते।

सपने देख कर ही मिली सफलता,
ओ सपने तेरा बहुत सुक्रिया।

4. रोते हुए आया था, हसते हुए जाऊंगा

रोते हुए आया था, हसते हुए जाऊंगा
अपनों की यादों में और दूसरो की बातो में रह जाऊंगा

मरने के बाद भी उस यम से मै केह दूंगा
आज का दिन मनाने मै हर बार वापस आऊंगा

क्युकी आज का दिन मेरे लिए खास है
आज पराए भी होते पास है

नाही हुकूमत करनी है
नाही करना है मुझे राज़
करना है एक ही काम ताकि गूगल भी कहे
की किसका जन्मदिन है आज

आज का दिन मेरे लिए खास है
आज पराए भी होते पास है

आज ही के दिन बधाईयां मिली थी
आज ही के दिन मेसेज मुझे आते है
केसे लोग है इस जहां में
आज मेसेज कर कल को भूल जाते है

बस अब मेरी एक ही फ़रियाद है
सिर्फ आज ही क्यू पराए होते पास है

5. धूप की यही पेहचान है।

धूप का न कोई रंग है,
नही कोई भाग है।
पर आती ऐसे है,
जैसे कोई ख्वाब है।
शर्द में नर्मी शी,
गर्मी में बढाती तापमान है।
बारिश में न दिखाई देती,
धूप की यही पेहचान है।

रात के अंधेरे को तोड़ कर,
दिन का लाती पैगाम है।
अब तो सुबह होने आई है,
धूप बताती ये बात है।
सुबह ताज़गी शी आती,
नीला करती आसमान है।
सितारों को भी नम करती,
धूप की यही पेहचान।

धूप के बिना दिन ही नहीं,
चारो ओर अंधकार है।
बिन धूप के इस दुनिया की खूबसूरती से,
हम सब अनजान है।

आखों मे तेज सी,
पोधो को देती वो प्राण है।
हाथो में रेत सी,
धूप की यही पहचान है।

6. ए दोस्त आज तेरी याद आ गई।

कल काफी दिनों बाद पुरानी तस्वीरे देख,
तो उन पालो की याद आ गई।
वही पुराने कमीने दोस्त,
और उनकी दोस्ती याद आ गई।

क्लास मे मस्ती करना,
परेशान करके सब को रुलाना।
डब्बा किसी का भी हो, खाना किसी का भी हो,
उस पर सबका हक जताना।
कल उन सारे खाने की खुशबू याद आगई,
ए मेरे दोस्त कल वही पुरानी दोस्ती याद आ गई।

रात को सैर पर दूर निकल जाना।
और जब घर से फोन आए, तो बहाने बताना।
रात के उन अँधेरों मे डरना डराना,
एक दुशरे को गलिया देते चीखते चिल्लाना।
कल फिर तेरी वो आवाज याद आ गई,
ए मेरे दोस्त कल वही पुरानी दोस्ती याद आ गई।

पर लगता है अब वो बात नही,
हम कोई अब साथ नही।
दिन तो याद आये
पर अब कोई पास नही।

दुवा खुदा से है की,
तस्वीरों से निकल के कोई आ जाए,
और उस दोस्त की दोस्ती मिल जाए।
याद तो आती रहती है,
काश वो दोस्त भी काभी आ जाए।

7. कुछ सपने

कुछ सपने
जो नही हो सकते है सच,
आखों से देख लेते है बस।

कुछ अपने
जो नही हो सकते है पास,
चुपके से कर लेते है उनकी बात।

कुछ मंज़िल
नही पा सकते है जिन्हें,
दूर से ही महसूस कर लेते है उन्हें।

कुछ मुस्किले
जिन्हें नही कर सकते है पार,
जीवन में जी लेते है एक बार।

कुछ बातें
जो नही कह सकते हैं किसीको,
खुद से कह कर शांत करलो अपने मन को।

कुछ लम्हे
नही जी सकते है जिन्हे जीवन में,
जिलों उन्हे सिर्फ अपनी यादों में।

कुछ सवाल
नही मिल सकते है जिनके जवाब,
न दो उन्हे कभी कोई आवाज।

कुछ प्रयास
नही मिल सकती जिनसे सफलता,
कुछ तो सीखा के जायेगी ये निष्फलता।

8. भूल जाओ और आगे बढ़ो।

गलती या तो सब से होती है,
हार तो सबको मिलती है।
Past पे ही ना बैठे रहो,
भूल जाओ और आगे बढ़ो।

पिछली गलतियों से तुम सीखा करो,
आगे ये गलती नही होगी वादा करो।
पर यूं मायुस ना बैठे रहो,
भूल जाओ और आगे बढ़ो।

गलतियां करने के बाद भी चलते रहो,
गलतियां तो फिर होगी, कुछ सीखते रहो।
यू ही ना गुमसुम ना बैठे रहो,
भूल जाओ और आगे बढ़ो।

लोग तो कहते रहेंगे,
लोगो का काम है कहना।
लोगो की बाते तुम ना सुना करो,
भूल जाओ और आगे बढ़ो।

पर इतना भी भूल न जाना इन गलतियों को,
की इनसे मिली सीख को भी भूल जाओ।
जीवन में बस थोड़ा खुश रहो,
बाकी सब भूल जाओ और आगे बढ़ो।

9. बदलाव जरूरी है।

अंधेरे में न रह पायेंगे,
सूरज का निकलना जरूरी है।
रात का दिन होना,
ये बदलाव भी जरूरी है।

चांद भी अपनी चांदनी छुपाता है,
चांद का छुप जाना जरूरी है।
कही चांद को नज़र ना लगे,
ये बदलाव भी जरूरी है।

मौसम का रोज बदलना,
बारिश का आना जरूरी है।
धूप भी, छाव भी, सर्द भी आए,
ये बदलाव भी जरूरी है।

किताबो से निकल फ़ोन पर आ गए,
Online पढ़ाना भी जरूरी है।
लोग दूर जागे परिवार के पास आए,
ये बदलाव भी जरूरी है।

कोई कहे एक बार प्यार करो,
जीवन में प्यार करना भी जरूरी है।
प्यार करके ही जान पाओगे,
की सारे बदलाव जरूरी है।

10. खुदा को खत लिखता हूं

खुदा को खत में थोड़ा प्यार लिखता हूं,
दूत बनकर इस दुनिया का हाल लिखता हूं।
के किस तरह बरबाद हो रही है ये दुनिया,
इस विषय पर में अपना विचार रखता हूं।

क्या हाल किया इंसान ने इस दुनिया का,
दिन रात बस यही बात सोचता हूं।
अपने विकास के लिए सबको जला डाला,
चारो ओर प्रदूषण की जात देखता हूं।

ए खुदा कब तक देखेगा ये बरबादी,
तू क्यूं चुप है ये बात सोचता हूं।
तेरी इस खुबसुरत दुनिया को बचाले,
बड़ी बिनती से ये बात लिखता हूं।

एक बार धरती पे आके देख,
मैं तेरा रोज इंतज़ार करता हूं।
कुछ तो सुधार कर अब,
खत में सिर्फ यही बात लिखता हूं।

बचा सकता है तो बचाले इस दुनिया को,
इस बात के साथ आखरी में प्रणाम लिखता हूं।
मैं खुदा को खत में थोड़ा प्यार
और इस दुनिया का हाल लिखता हूं।

11. भारत के वीर सिपाही

सुनाता हूँ उन वीरों की गाथा,
लिखी है बड़े प्यार से ।
भारत के हर एक सिपाही,
लगते है बड़े कमाल के।

कुछ जादू सा काम करते है,
डर को भी जुकादे एसे वार करते है।
देश को हम से ज़्यादा ये प्यार करते है,
हर जंग के लिए हमेशा तैयार रहते है।

हम तो है मतलबी अपने लिए जीते है,
अपनों से दूर जा कर वो सरहद पर रहते है।
लाखों सलाम भी कम पड़ते है इन जवानों को,
जो दिन रात पेहरा दे कर हमारे लिए मरते है।

गर्मी आए, शरदी आए या आए बारिश,
ये वीर कभी अपनी जगाह से नहीं हिलते है।
बहुत खुशनशीब होते है ये वीर,
जो सहिद होने के बाद तिरंगा ओढ़ कर आते है

12. मै एक किताब, तो उसके शब्द तू है।

मैं एक प्रेम का गीत,
तो उसके लफ्ज़ तू है ।

मैं एक स्वप्न
तो उसकी नींद तू है।

मैं एक देह
तो उसकी जान तू है।

मैं कोई लेख
तो उसके ख्याल तू है।

पर मेरे मन में
एक सवाल यूं है।

इतना होने के बाद
तेरी चुप्पी क्यू है।

13. जो होगा देखा जाएगा।

हाथों मे कलम लिए,
एक नया विचार लिखा जाएग।
कैसा होगा कीसे पता,
तू लिख तो सही बाकी जो होगा देखा जाएगा।

सफलता मिलेगी या नहीं,
ये डर तुजे सताएगा।
तू एक बार कोशिश कर के तो देख,
बाकी जो होगा देखा जाएगा।

कल बारिश होगी, धूप निकलेगी, ठंड बढ़ेगी,
इस पर आज विचार किया जाएगा।
तू सिर्फ ये सोच कल तेरा दिन अच्छा जाएगा,
बाकी जो होगा देखा जाएगा।

14. घर

ईट, पत्थर, और पैसों नहीं बनता है घर,
प्यार, मोहबत्त और विश्वास से बनता है घर।

P.O.P. वाली छत, wall पे हो बढ़िया सि टाइल्स
ये सब नहीं चाहिए इसको
घर बनता है स्वर्ग,
जझबात से सजाया हो जिसको।

लोग तो कहते रहेंगे की, ये घर बेकार है।
ये सोच कर मत गाली दो उसको।
धूप, बारिश और ठंड से बचाया है तुजे,
संभाल के रखना है इस घर को।

घर को तुम अपने वास्तु के हिसाब से सजाओगे,
पर क्या करोगे घर के दिल के वास्तु का?
जो चाहता है की घर मे सब साथ रहे,
बुजुर्गों को बाहर छोड़ तुम क्या जवाब दोगे।

घर ईर्षा, दिखावे की सजावट से नहीं बनता है,
बूढ़े, बच्चे, जवान पूरे परिवार से बनाता है घर।

15. क्या करे उस हेवान का, जो अंदर बेठा है।

जब साथ हो तुम मेरे
तो हुस्न की बात हुवा करती है।
और जब कोई नहीं होता,
तो जिस्म की बात हुवा करती है।
क्या कहु उस हेवान को,
जो मेरे अंदर छुपा बेठा है।
रात मे, अकेले मे,
बस उस हेवान की बात चला करती है।

इश्क और हवस की तलवार,
हमेशा मेरे गले के पास रहती है।
एक पे मर जाने का जी करता है,
दुशरी मारने को दोड़ती है।
क्या करू मै इस हेवान क,
जो मेरे अंदर छुपा बेठा है।
रात मे, अकेले मे,
बस उस हेवान की बात चला करती है।

हवस की आग भी क्या चीज है,
जितना बुजाओगे उतना ही तेज हुवा करती है।

हम नहीं चाहते इसके गुलाम बनना,
हम नहीं चाहते किसीके जिस्म से खेलना।
लेकिन क्या करे उस हेवान का,
जो हर किसी के अंदर छुपा बेठा है।
जो काभी जिस्म की, पैसों की, नशे की,
या ईर्षा की बात करता रहता है।

www.ingramcontent.com/pod-product-compliance
Lightning Source LLC
Chambersburg PA
CBHW021157130726
47988CB00004B/1655